なぜ「会計」本が売れているのか？

「会計」本の正しい読み方

友岡 賛
susumu tomooka

税務経理協会

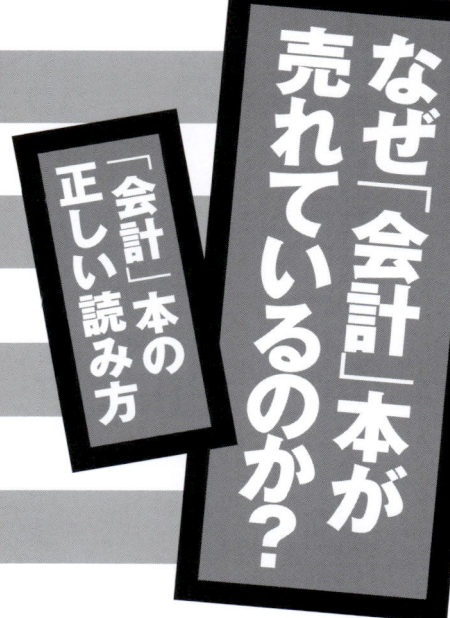

もくじ

もくじ

第1章　会計の本がベストセラー！

✲会計の本が売れている

会計の本が売れています。

「会計の本は売れない」。

長年にわたって、そう言われてきましたし、事実、そのとおりでした。

なぜ会計の本は売れないのでしょうか？

会計はつまらない、からなのでしょうか？

このことについては、数か月前に出た

友岡賛**『会計の時代だ――会計と会計士との歴史――』**（ちくま新書）

の中に「会計はつまらない」というタイトルの補遺（オマケの章）を設けて、いかに会計はつまらないか、なぜ会計はつまらないのか？　などをたくさん書いたので、ここでは割愛しますが、そこに書いた逸話をひとつだけ、少し手直しして、紹介しておきます。

「会計が関心をもたれない理由《わけ》」というエッセイを書いたことがある。

どうしてこんなものを書いたのか?

その理由はちょうどそのとき出したばかりの本にあった。『株式会社とは何か』という新書(講談社現代新書)だった。

問題はタイトルにあった。

当初、この本には『会計……』というタイトルが予定されていた。ところが、執筆依頼を受けてからしばらくのち、いきなりの、タイトル変更、だった。

出版社いわく、「やはり『会計……』というのはやめておきましょう。新書ですから」。

たくさん売れてくれなければ困る新書を「会計」の本として出すのは無理、

ということだった。

どうして「会計」では無理なのか？

そこで書いたのがこの「会計が関心をもたれない理由《わけ》」、一〇年近く前のことだった。


ところが、ここ数年のうちに、会計の新書、がつぎつぎと出ました。

『会計の時代だ』もこのタイトルで出してもらえました。

新書は時代を映す鏡、などとも言われますが、時代が変わった、ということでしょうか？

『会計の時代だ』の「補遺　会計はつまらない」を読んでくださった方からも、「時代は変わりましたね」といったコメントが寄せられています。

というわけで、いまや、会計の本が売れています。

たとえばつぎのようなもの（刊行順）が挙げられます。

山田真哉『さおだけ屋はなぜ潰れないのか？——身近な疑問からはじめる会計学——』（光文社新書）……『さおだけ屋』と略記

山根節『経営の大局をつかむ会計——健全な〝ドンブリ勘定〟のすすめ——』（光文社新書）……『経営の大局』と略記

小堺桂悦郎『なぜ、社長のベンツは４ドアなのか？』（フォレスト出版）……『社長のベンツ』と略記

望月実『数字がダメな人用　会計のトリセツ［取扱説明書］』（日本実業出版社）……『トリセツ』と略記

山田英夫、山根節『なぜ、あの会社は儲かるのか？』（日本経済新聞出版社）
……………………………………『あの会社』と略記

林總『餃子屋と高級フレンチでは、どちらが儲かるか？』（ダイヤモンド社）
……………………………………『餃子屋と高級フレンチ』と略記

小堺桂悦郎『なぜ、社長のベンツは４ドアなのか？～決算書編～』（フォレスト出版）
……………………………………『社長のベンツ～決算書編～』と略記

望月実『会計を使って経済ニュースの謎を解く』（日本実業出版社）
……………………………………『経済ニュースの謎』と略記

先駆の**『さおだけ屋』**はなんと一五〇万部、**『社長のベンツ』**は（**『社長のベンツ〜決算書編〜』**の奥付によれば）三五万部突破、また、**『餃子屋と高級フレンチ』**も刊行後、三か月あまりで二〇万部に達したとのことです。

✲なぜ売れているのか？

ところで、ウチの業界、つまり学者業界では、売れる本を書くと「あんな本を書いて」と非難されます。

売れている本は「くだらない本」と批判されます。

『さおだけ屋』も「あんなんじゃ会計のことは分からない」といった悪口の的になっています。

『さおだけ屋』の著者はウチの業界人、つまり学者ではありませんが、もし学者だったら、もっと悪口を言われているでしょう。

もっとも、売れている会計の本の著者の中に純粋な学者はだれもいません。

大半は公認会計士やコンサルタントなどといった実務家、また、**『経営の大局』**や**『餃子屋と高級フレンチ』**の著者は大学教授ですが、どちらの著者も実務家としてのキャリアを豊富に持っています。

純粋な会計学者には売れる本は書けないのでしょうか？

それはさておき、いずれにしても、売れている本に対する非難、悪口は、ハッキリ言ってしまえば、妬《ねた》み、僻《ひが》み、です。

一方、ちなみに、学者業界では、だれも読まないような地味な論文を書いていると、禁欲的で偉い、などと褒められますが、この褒め言葉にはときに、だれも読まないのに……、といった、憐《あわ》れみ、も入っています。

憐れまれるより、妬まれるほうがいいに決まっています。

というわけで、いつも学生たちに言っています。

「やっかまれるようにならなくちゃダメだ！」、「妬まれる人間になれ！」。

売れる本を書くと妬まれる、はつまり、出る杭《くい》は打たれる、です。

というわけで、いつも学生たちに言っています。

「出る杭になれ！」、「どうせなら、（高すぎて手が届かなくて）打たれないくらい高く出ろ！」。

それはさておき、というわけで、**「ベストセラーの〝ウソ〟？」**というキャッチフレーズのこの本はしかし、けっして、売れている本の悪口、ではありません。

売れないものの中にも良いものはたくさんありますが、**売れているものにはかならず良いところがあります。**

世間は馬鹿ではありません。良いところがなければ買いません。

ところで、これまで会計の本が売れなかったのはなぜでしょうか？

ニーズがなかったのでしょうか？　書き方が悪かったのでしょうか？

また、いま会計の本が売れているのはなぜでしょうか？

近年はアメリカにおけるエンロン事件や、わが国におけるカネボウ事件、ライブドア事件などといった会計にかかわるスキャンダルが世間を騒がせていますが、そうした事件が会計に対する人々の関心を高めた、ということはあるでしょう。

いや、もっぱら**『さおだけ屋』**のおかげかもしれません。

たとえば『日本経済新聞』（二〇〇七年一月二四日、夕刊）はつぎのように述べています。

「二〇〇五年のベストセラー『さおだけ屋はなぜ潰《つぶ》れないのか？』が開拓した、身近なエピソードで学ぶ会計本は、いまや売れ筋のジャンルだ」。

なぜ売れているのでしょうか？

どういうものが売れているのでしょうか？

こうしたことを考えることによって会計というものの諸相（色々な姿）が見えてくる、ような気がします。

第2章　どんな本が売れているのか？

✲どんな人が読むのか？

たくさん売れる、ということはもちろん、その本によって提供される情報に対するニーズが大きい、ということです。

簡単に言ってしまえば、その本に書いてあることを知りたいと思っている人がたくさんいる、その本から得られる知識が役に立つ人がたくさんいる、ということです。

会計のことを知りたいと思っている人はどんな人なのでしょうか？　会計の知識が役に立つ人はどんな人なのでしょうか？

たとえば**『さおだけ屋』**の著者はつぎのように述べています。

「「会計が嫌い」「会計が苦手」「会計を学んでも意味がない」と思っているあなたのために、私は本書を執筆しました」。

言いたいことはよく分かりますが、これだけでは具体的にどういう人に役立つのかは分かりません。

また、**『社長のベンツ』**、そしてその続編の**『社長のベンツ～決算書編～』**は裏カバーの宣伝文句に「こんな人に読んでもらいたい！」としてつぎのように列挙しています。

○給料を上げたいと考えている人　○数字は苦手だけど会計を知りたい人
○営業関係の仕事をしている人　○経理関係の仕事をしている人
○転職や就職を考えている人　○新入社員や就職活動をしている学生
○中小企業経営者　…など

これは具体的と言えば具体的ですが、結局は、だれでもＯＫ、という感じでよく分かりません。

『トリセツ』は「『会計のトリセツ』を読んでいただきたい方」をつぎのように列挙しています。

❶経営者・キャリアアップを狙っているビジネスパーソン
❷経理担当者
❸就職活動でライバルに差をつけたい学生
❹簿記を勉強している人

これはわりと分かりやすく、また、まずは経営者をはじめとするビジネスパーソン、ということのようです。

『経営の大局』は「この本はビジネス経験を多少なりとも持っておられる方たちに向けて、財務諸表を読む力をつけていただくために書かれたものです」として「会計の本は世の中に溢れています。しかしそれらは、ビジネスパーソンたちの需要に満足に応えたものでしょうか」と続けています。
対象はビジネスパーソン、そして、目的は財務諸表を読む力を身につけること、です。

『あの会社』の著者たちは「会計を学ぼうとしたビジネスマンは数多いが、それに挫折したビジネスマンは、その数よりも多い（!?）と言われる」として「『最後まで読み通せる会計の本』があまりにも少ないことにも、われわれは問題意識を持っていた」としています。
そして、会計と経営の関係について「ビジネスで本当に大事なのは、この両者を結びつけられるスキルではないだろうか」として「これこそが、経営に必要な数字のセンスである」とした上で「想定する読者」をつぎのように列挙しています。

- 「会計の勉強をしなくては！」と感じている営業マンや開発マン。
- 日常やっている仕事を、経営の視点から見つめ、会社の数字との関係を考えてみたい方。
- ●マネジメントに必要な数字のセンスを磨きたい方。
- ●「儲かる戦略とは何か」に興味のある方。
- ●戦略と決算書の関係を双方から理解したい方。

『餃子屋と高級フレンチ』は「経営者やマネジャーはもちろん、すべてのビジネスパーソンは、経営を効果的に行うために、会計を学ぶ必要があるのです」としています。

これも、対象は経営者をはじめとするビジネスパーソン、目的は効果的な経営、です。

❊会計の知識とは？

会計の知識はふたつに大別されます。

ひとつは、**会計のやり方**の知識、もうひとつは、**会計の使い方**の知識、です。

会計とはなにか、などといった難しい話はこの本ではあまりしないつもりですが、簡単に言ってしまえば、会計は、企業の経営に関する情報を伝えるもの、企業の経営がどうなっているかを知らせるもの、です。

また、会計には貸借対照表や損益計算書やキャッシュ・フロー計算書などといったものが出てきます。

これらをひとまとめにして、財務諸表、と呼びます。また、一般には、決算書、とも呼ばれます。

財務諸表によって企業の経営に関する情報を伝える、財務諸表によって企業の経営がどうなっているかを知らせる、ということです。

ですから、言い換えれば、会計の知識はつぎのふたつに大別されます。

ひとつは、**財務諸表の作り方**の知識、もうひとつは、**財務諸表の読み方**の知識、で

貸借対照表

資産の部		負債の部	
流動資産	×××	流動負債	×××
固定資産	×××	固定負債	×××
繰延資産	×××	純資産の部	
		株主資本	×××
		評価・換算差額等	×××
		新株予約権	×××
	×××		×××

損益計算書

売上	×××
売上原価	×××
売上総利益	×××
販売費および一般管理費	×××
営業利益	×××
営業外収益	×××
営業外費用	×××
経常利益	×××
特別利益	×××
特別損失	×××
……	……
当期純利益	×××

す。

✲身につけたい会計の知識は？

これまでの会計の本、売れなかった会計の本、はその大半が、会計のやり方、財務諸表の作り方の本、でした。

会計の本の著者はもちろん、会計の専門家ですが、会計学者をふくむ会計の専門家は、会計のやり方、財務諸表の作り方の専門家、です。

これまでの会計の本の著者はその大半が会計学者の大学教授でしたが、この大学教授はその大半が、会計のやり方、財務諸表の作り方、について研究したり教育したりしているのです。

また、これまでの会計の本に想定されていた読者は、会計をやる側、会計を使う側のどちらか、と言えば、会計をやる側の人たち、具体的にはつぎのような人たち（順不同）でした。

- ●公認会計士や税理士などの会計の専門家を志している人
- ●会計の専門家を志しているわけではないが、これくらいは持っていたほうがいいだろう、と考えて、簿記の知識や資格を得ようとしている人
- ●知識不足を補いたい企業の経理担当者

しかし、こういう人たちは少数派です。

会計をやる側の人たち、つまり、会計のやり方、財務諸表の作り方の知識を身につけたい人たち、は世間のほんの一部です。

（もっとも、**『さおだけ屋』**によれば、「会計士・税理士試験や簿記検定の受験者数から推定すると、会計人口は300万人いる」とのことですが、この「300万人」をどう見るか、は難しいところです。）

一方、会計を使う側の人たち、はたくさんいます。こちらが多数派です。**会計を使う側の人たちは、会計の使い方、財務諸表の読み方の知識、があれば用が足ります。**

もっとも、会計のやり方、財務諸表の作り方の知識、も持っていたほうが財務諸表を深く読むことができる、ということはあるでしょう。

財務諸表に書かれている数字について、それがどうやって出てきた数字なのかを知っていたほうが財務諸表を深く読むことができる、ということはあるでしょう。

しかし、これは時間に余裕のある人や特別に勉強熱心な人の場合でしょう。

或るとても勉強家の銀行員の話を聞いたことがあります。

この銀行員は、長年、融資関係の仕事をしていることから、財務諸表を読むことに掛けてはベテラン、ということでしたが、いわく、「もっと勉強したいので、今度は簿記の勉強をはじめようと思います」。

これを聞いて少しビックリしました。

というのは、会計の勉強は、まず簿記、つまり、簿記からはじめるもの、と思っていたからです。

しかし、これは、会計をやる側の人たち、の勉強方法だったのです。

会計をやる側の人たちにとって簿記の知識は必須です。簿記の知識がなければ財務諸表は作れません。

しかし、会計を使う側の人たちにとってはそうではありません。簿記の知識などなくても、とりあえずは困りません。

そして、これが多数派の人たちだったのです。

しかし、これまでの会計の本、売れなかった会計の本、はその大半が、簿記の説明からはじめる財務諸表の作り方の本、だったのです。

これはなにも会計の本に限ったことではありません。

要するに、たとえばパソコンの活用方法の本なら売れるかもしれないが、パソコンの製造方法の本は売れない、ということです。

✲会計を使う人とは？

会計を使う人はこれもふたつに大別されます。

企業の外側にいる人、**企業の外部者**、と、企業の内側にいる人、**企業の内部者**、です。

この分類は、会計を使う目的、の分類でもあります。

企業の外部者には色々ありますが、その代表は投資家です。

投資家は、その企業の経営がどうなっているかを知って、その企業に投資するかどうか、おカネを出すかどうかを決める、という目的で会計を使います。

また、先ほど出てきた銀行員も同じような立場です。

銀行は、その企業の経営がどうなっているかを知って、その企業に融資するかどうか、おカネを貸すかどうかを決める、という目的で会計を使います。

ちなみに、会計を使う、ということは、財務諸表を読む、ということでしたから、長年、融資関係の仕事をしている、という先ほどの銀行員は、財務諸表を読むことに掛けてはベテラン、というわけです。


一方、経営者をはじめとする企業の内部者は、自分の企業の経営がどうなっているかを知って、もっとうまい経営をする、という目的で会計を使います。

✻財務会計と管理会計

会計学では会計をふたつに大別します。

財務会計、というものと、**管理会計**、というものです。

財務会計とは、企業の外部者に、経営がどうなっているかを知らせるもの、です。

財務会計、という名前の意味は、文字どおり、財務のための会計、です。

財務とは、資金繰り、資金調達、要するに、おカネ集め、のことですから、おカネを集めるための会計、ということです。

つまり、投資家におカネを出してもらったり、銀行におカネを貸してもらったりするための会計、ということです。

投資家はその企業の経営がどうなっているかを知らなければおカネを出せませんし、銀行もその企業の経営がどうなっているかを知らなければおカネを貸せません。

だから知らせる、ということです。

一方、管理会計とは、企業の内部者に、経営がどうなっているかを知らせるもの、です。

管理会計、という名前の意味は、これも文字どおり、管理のための会計、ですが、管理、という言い方は少し漠然としていて分かりにくいかもしれません。

管理会計の、管理、は英語では、management《マネジメント》、ですから、経営のための会計、または、経営管理のための会計、と言ったほうがいいかもしれません。

ちなみに、たとえば**『さおだけ屋』**の著者は「「管理」という言葉よりも「経営」といったほうが前向きに会計を使っている感じがするので、私は「経営会計」のほうがしっくりくる」として、経営会計、と呼んでいます。

いずれにしても、前項に述べた、会計を使う人、の分類から言えば、経営者《トップ・マネジメント》をはじめとする企業の内部者が使う会計、ということです。

✲財務諸表の情報とその他の情報

ところで、先ほどは、会計の使い方、は言い換えれば、財務諸表の読み方、といった言い方をしましたが、実はこれは、企業の外部者が使う会計、の場合のことで、企業の内部者が使う会計、の場合には少し違います。

先ほどは、会計は、貸借対照表や損益計算書やキャッシュ・フロー計算書などといった財務諸表によって企業の経営に関する情報を伝えるもの、といった言い方をしましたが、実はこれは、企業の外部者が使う会計、の話です。

企業には経営上、ほかの企業などに知られては困ることがたくさんあるので、外部者に伝えることのできる情報は、原則として、財務諸表の情報に限られます。

投資家をはじめとする企業の外部者は財務諸表の情報だけしか使えない、ということです。

しかし、他方、企業の内部者、の場合にはそうしたことがないので、財務諸表の情報以外の情報も伝えることができます。

経営者をはじめとする企業の内部者は財務諸表の情報だけでなく、それ以外の情報も使うことができる、ということです。

ですから、会計をふたつに区別しない場合には、会計は、財務諸表などによって企業の経営がどうなっているかを知らせるもの、といった言い方になります。

ただし、企業の内部者にとっても、財務諸表の情報はもっとも重要です。財務諸表には経営の全体像がしめされているからです。

✲会計の知識が役に立つ人たち

これまでの話をまとめてみると38～39頁の**表**のようになります。

この**表**には、会計の知識、と、それが役に立つ人たち、が分類されています。

これまでの会計の本、売れなかった会計の本、はその大半が、❶の本、でした。

そして、役に立つ人がもっとも多い知識は、❸、なのです。

❊売れている本の会計の知識

売れている本はどのような会計の知識を提供しているのでしょうか？

『経営の大局』はハッキリしています。

企業の経営者をはじめとするビジネスパーソン向けの、❸の本、です。

『あの会社』もハッキリしています。

これもビジネスパーソン向けの、❸の本、です。

そもそもこの本は「本書を読んでもあまり効果が期待できないと思われる方も、挙げておいたほうが親切だろう」としてつぎのように列挙しています。

● 簿記検定を受検しようとしている方。

財務会計の使い方
（財務諸表の読み方）
の知識❸

管理会計の使い方
の知識❹

投資家や銀行の融資担当者などが身につけておきたい知識

企業の経営者をはじめとするビジネスパーソンが身につけておきたい知識

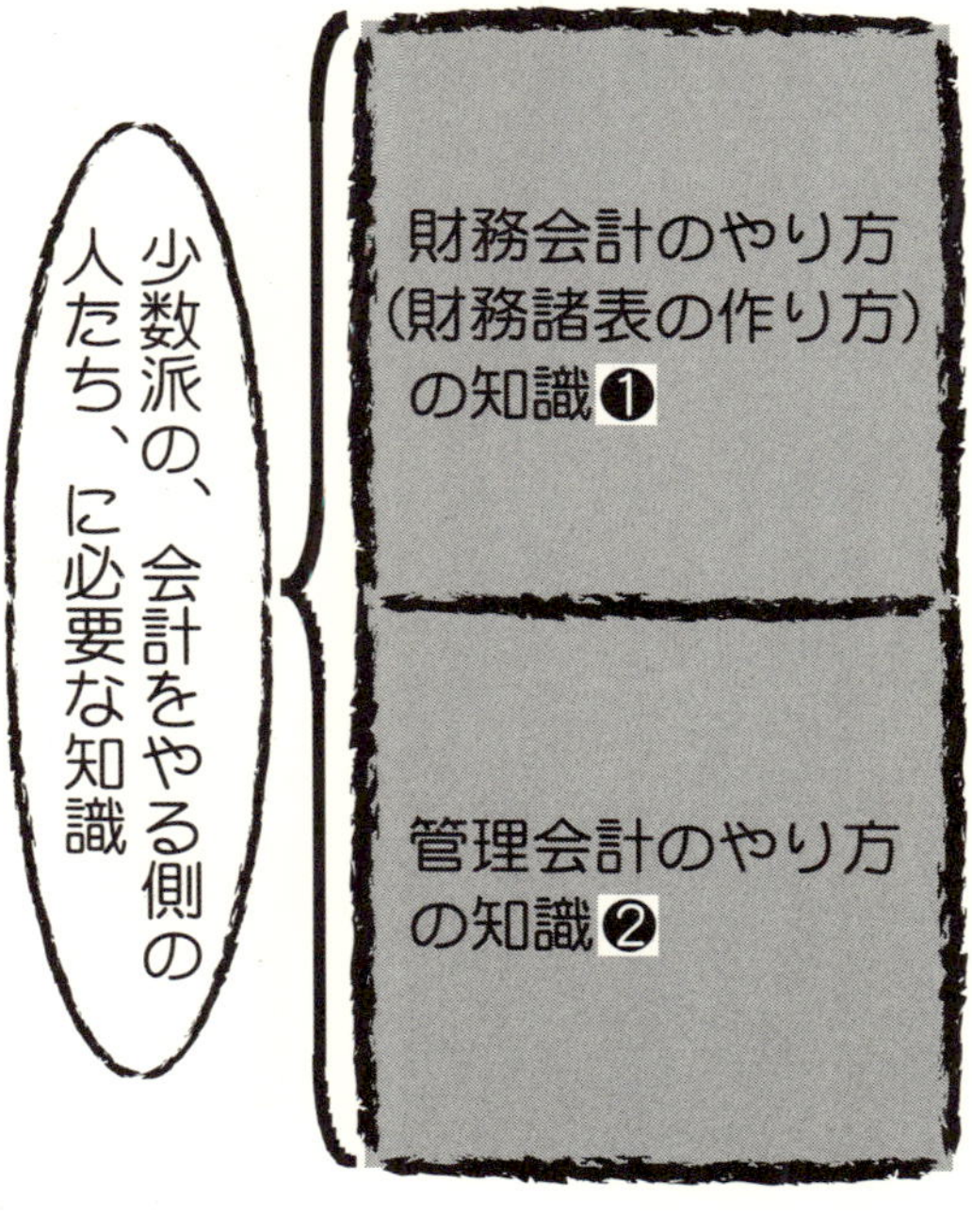

少数派の、会計をやる側の人たち、に必要な知識
財務会計のやり方（財務諸表の作り方）の知識❶
管理会計のやり方の知識❷

●経理部に配属されたばかりの新人の方。
●会計学の大家の方。

こんな親切な本はなかなかない、と感心しますが、要するに、会計をやる側の人たち向けの本ではない、会計のやり方の本ではない、ということです。

また、「すべてインターネットなどで簡単に入手可能な現実の企業の数字、事例を用いて説明した」とのことですから、企業の外部者が入手できる情報、つまり、まずは　財務諸表の情報、ということです。

『餃子屋と高級フレンチ』は帯の宣伝文句は「ビジネスパーソンのための管理会計入門！」、また、新聞広告には「ビジネスストーリーで学ぶ管理会計の極意！」とされています。

ただし、中身を読んでみると、まずは、財務諸表の読み方、です。前述のように、経営の全体像がしめされている財務諸表の情報はもっとも重要です。

そして、その上で、経営者をはじめとする企業の内部者には使うことができるその他の情報、これの使い方へと進みます。

つまり、❸＋❹の本、です。

『トリセツ』は実は、❶の本、です。

先ほど紹介したように、「読んでいただきたい方」の中に、経理担当者、や、簿記を勉強している人、が挙げられています。

とても分かりやすい説明ですが、大半は簿記のやり方、財務諸表の作り方の説明です。

ですから、ほかの本ほどは売れていないようです。

『さおだけ屋』は、実のところ、よく分かりません。

表の分類には当てはまらない、かもしれません。

著者は「学校教育における会計とはまったく異なるものだということをご理解ください」として「というのも、商業高校や大学では、「企業の会計」についてしか教えないからです。私がお伝えしたいのは生活にも密着した会計、いってみれば、「個人の会計」なのです」と続けています。

どうやら、対象の特定はない、ということのようです。

また、この本には「会計的に考えるなら……」、「会計的な考え方からいえば……」、「会計的にいうと……」などといった言い方があちこちに出てきます。

どうやら、会計的な考え方、を知ってもらおう、ということのようです。

対象の特定がないからこそ、の一五〇万部、ということなのでしょうが、それはさておき、**会計的な考え方、とはなんでしょうか？**

『社長のベンツ』、そして続編の**『社長のベンツ〜決算書編〜』**は、先ほど紹介したように、裏カバーの宣伝文句は、だれでもOK、という感じでよく分かりませんが、実は対象についてはとてもハッキリしています。

対象はズバリ、中小企業の経営者、です。

しかし、どういう、会計、の本なのか、はよく分かりません。

表の分類からすると、一見、❸の本、のようですが、中身を読んでみると、なにか違います。

その原因は、中小企業、というところにありそうです。

『さおだけ屋』と同様、**表**の分類には当てはまらない、かもしれません。

表の分類には当てはまらないところ、そこに、なにか、がありそうです。

というわけで、この、なにか、を手掛かりに、会計、というものについて少し考えてみたいと思います。

第3章　会計はカネ儲けではない

✲経営と会計はどう違う？

会計（損益計算書）ではつぎのようにして利益を計算します。

収益　－　費用　＝　利益
（売上）

これについて『**さおだけ屋**』は「『利益を出すためにはどうしたらよいのか？』という商売の本質……は……会計的な考え方の土台となる基礎知識である」として、利益を出すためには、売上を増やす、か、費用を減らす、かしかない、としています。

ただし、ここで注意しなければならないのは、この、**売上を増やす、や、費用を減らす、は会計の話ではない**、ということです。

売上を増やしたり、費用を減らしたりするのは経営の話です。会計の話はなにか、と言えば、それは、売上はいくらかを計算したり、費用はいくらかを計算したりすることです。

先ほど、会計は、企業の経営に関する情報を伝えるもの、企業の経営がどうなっているかを知らせるもの、と言いましたが、この、情報、は、金額の情報、です。つまり、企業の経営がどうなっているかを、売上はいくら、費用はいくら、といった形で知らせる、のです。

いくらかを計算する、ということは言い換えれば、カネ勘定、です。

ここで注意しなければならないのは、会計は単なるカネ勘定、ということなのです。

✲会計はカネ勘定

会計はカネ勘定、と言われても、あまり違和感がないかもしれません。

会計、というものに対して人々が抱く典型的なイメージのひとつはやはり、カネ勘定、でしょう。

なぜいま会計の本が売れているのか、の話はさておくとして、やはり会計は一般には、あまり面白くない、と思われている、と思います。そして、その理由はこの、カネ勘定、にあると思います。

カネ勘定は下賤《げせん》だ、など言われます。しかし、正直言って、下賤なものほど面白いものです。

問題はなにか、と言えば、ここで本当に**面白いのは、カネ儲け、という下賤なもの、**

であって、カネ勘定それ自体が面白いのではない、ということです。

世の中にはカネ勘定を無上の喜びとするような人もいますが、それは、こんなに儲かった、こんなに貯まった、という喜びです。

つまり、**会計は、単なるカネ勘定であってカネ儲け（経営）ではない**、ということなのです。

❊会計的な考え方とは？

さて、前述の、売上を増やしたり、費用を減らしたりするのは会計の話ではない、ということはとりあえずさておき、問題は「利益を出すためにはどうしたらよいのか？」です。

企業の場合でも　普通は、売上を増やすことよりは費用を減らすことのほうが簡単でしょうが、前述のように「個人の会計」を扱っている**『さおだけ屋』**は、個人の場合は頑張って出世したりして収入を増やすのは大変「だから、てっとり早く利益を出すためには、「費用を減らす」ことを考えるほうが賢明」として、ケチ、を推奨しています。

いわく、「ケチは否定的な目で見られることも多いが、「利益を出す」という会計目的に対して、もっとも合理的に行動している人間なのである」。

利益を出す、というのは企業の場合について言えば、経営の目的、ですから、「「利益を出す」という会計目的」という言い方には疑問がありますが、それはさておき、**『さおだけ屋』**の話は、節約の仕方、へと進みます。

この、節約の仕方、はこの本の目玉のひとつですので、少し手直しして、主旨を紹介しておきます。

たとえば、①一〇〇円のものを五〇％引きで買う、のと、②一〇〇万円のものを一％引きで買う、のではどちらがトクか？

①の、五〇％引き、に惑わされてはいけない。

①は五〇円しかトクをしていないが、②は一万円もトクをしている。

ナルホド、と思った読者は少なくないでしょう。

当たり前と言えば当たり前ですが、**当たり前のことは大事です。**

本を読んで、「当たり前のことばかりじゃないか」と批判する人がよくいますが、当たり前のこと書く、というのはとても大切なことです。

『さおだけ屋』には、当たり前のこと、つまり、大事なこと、がたくさん出てきます。

それはさておき、ここでの**『さおだけ屋』**の結論は「「普段はケチケチしてもいいけど、たまにはパッとしたい」という人もいるが、これはかなり危険な思想である」として「こういう人は非常に赤字を出しやすい性質《たち》なので、経営者には向いていない。要は、節約した気になっているだけで会計を見ていないのである」としています。

節約の仕方、は言い換えれば、おカネの使い方、ものの買い方、ですから、やはり、会計の話ではなく（企業の場合について言えば）経営の話、ですが、いずれにしても、「会計を見ていない」とはどういうことでしょうか？

この、会計を見ていない、は、この本の言い方では、会計的な考え方をしていない、と同じ意味のようですが、では、会計的な考え方、とはなんでしょうか？

先ほども言ったように、この本には「会計的に考えるなら……」、「会計的な考え方からいえば……」、「会計的にいうと……」などといった言い方があちこちに出てきますが、会計的な考え方とはなにか、といった、定義、はどこにも出てきません。

ただし、（こういうのは、定義、とは言えないかもしれませんが）「エピローグ」には、定義っぽい言い方、がひとつだけ出てきます。

いわく、「《会計の本質的な考え方》とは、目に見えないものを具体的な数字にして見えるようにする（「利益」「機会損失」など）、つなげたり違った角度から見たりして物事をシンプルにわかりやすくする（「連結」「回転率」など）――といった考え方のことです」。

✲目に見えないものを具体的な数字にして見えるようにする

『さおだけ屋』の言う「目に見えないもの」とはなんでしょうか？

たったいま引用したところでは「「利益」「機会損失」など」としていますし、また、「エピローグ」のほかのところでは「目には見えないものとは、「利益」（売上から費用を引いたもの）や「資本」（資産から負債を引いたもの）といった差額によって具現化される概念のことです」としています。

ちなみに、**『餃子屋と高級フレンチ』**にもつぎのような会話が出てきます。

「つまり、利益は単独には存在しない、ということですか？」

……

「その通り。利益は差額概念なのだ」

……

「利益は計算結果であって、手にとって確かめることはできない。このことが、会計を謎にしているのだよ」

利益、という概念にはなにかありそうです。

しかしながら、他方、**『さおだけ屋』**は「そもそも、会計の世界では目に見えないものを扱うことのほうが多い」として「決算書には「資産」「負債」「資本」「費用」「収益」という5つのカテゴリーがあるが、「負債」「資本」「費用」「収益」については目に見えるものはなにもない」と続けています。

そしてさらに、「たとえば、「資産」の代表格である「現金」はお札《さつ》・硬貨という目に見えるものだが、「負債」の代表格である「借入金《かりいれきん》」は〝お金を返済すべき義務〟

であって、目に見える物体は存在しない（もちろん借用書はあるが）」としています。

借入金は、差額、ではありませんので、先ほど紹介した「目には見えないものとは、……差額によって具現化される概念のことです」という話とは違うようです。

✲目に見えないものを具体的な数字にして見えるようにする

『さおだけ屋』は「では、どうして会計では、実体のないものもわざわざ数字にして目に見えるようにしているのだろうか？」として「その答えは、そのほうが会社の実態をより知ることができるからである」としています。

ちなみに、**『餃子屋と高級フレンチ』**も「経営における会計の使命は、会社の活動を「可視化」することです」としています。

「可視化」と「見えるようにする」は同じことです。

要するに、会社の活動を数字にして見えるようにして実態を知ることができるようにする、ということです。

前に、会計は、財務諸表などによって企業の経営がどうなっているかを知らせるもの、といった言い方をしめしましたが、それと同じことです。

数字にして見えるようにしたものは財務諸表などにまとめられます。財務諸表の情報は数字（金額）の情報です。

財務諸表などによって企業の経営の実態を知る、ということです。

実態を知ってどうするのか、と言えば、実態を知って、それにもとづいて行動を選択する、ということです。

たとえば投資家であれば、財務諸表によって企業の経営の実態を知って、それにもとづいて、その企業の株を買う買わない、を選択します。

また、経営者であれば、財務諸表などによって自分の企業の経営の実態を知って、それにもとづいて今後の経営のやり方を選択します。


いずれにしても、財務諸表は、実態を知るためのもの、ということになります。

✲会計は写像

会計学では、ときに、会計は写像だ、などと言われます。

たとえば**『経営の大局』**も「会計は経営の写像です」としています。

写像とは、写し取って描き出すこと、です。

つまり、経営の実態を写し取って、財務諸表に描き出す、ということです。

たとえば、商品が売れた、とか、商品を売るために色々と掛かった、とかいった経営の実態を、収益（売上）一五〇万円、費用一〇〇万円、といったように写し取って、

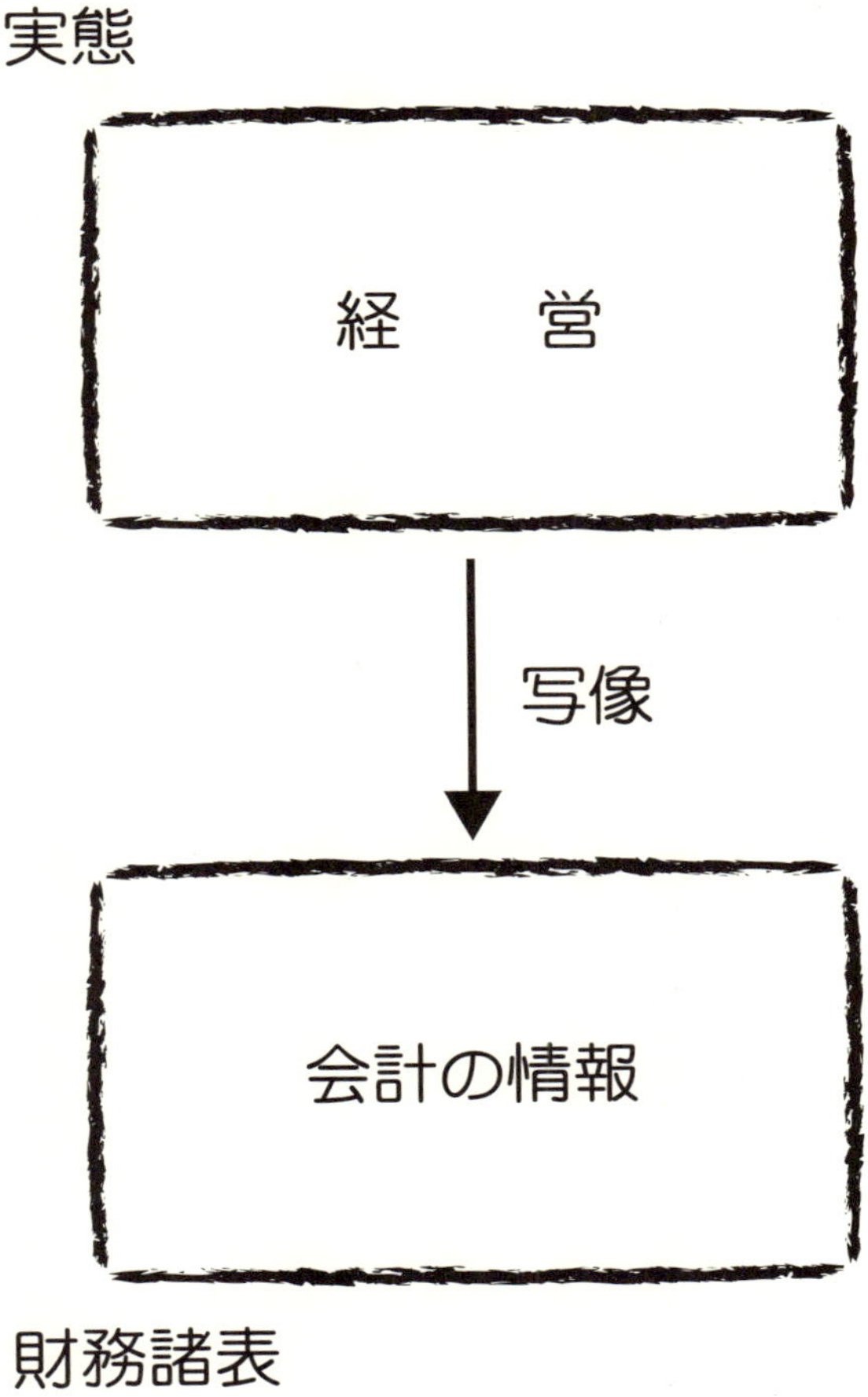
実態
経　営
写像
会計の情報
財務諸表

財務諸表に描き出す、ということです。

しかし、利益は違います。

利益は写し取るものではありません。

利益は、写し取った収益（売上）、費用から

収益一五〇万円　－　費用一〇〇万円　＝　利益五〇万円

（売上）

と導き出されるものなのです。

『さおだけ屋』は「目に見えないもの」、また、**『餃子屋と高級フレンチ』**は「手にとって確かめることはできない」もの、といった言い方をしていますが、要するに、**利益は実態の中にはない**、利益には実態というものはない、ということです。

実態とは、実際のありさま、実際の状態、のことですから、利益には、**実際の利益、というものはない**、ということです。

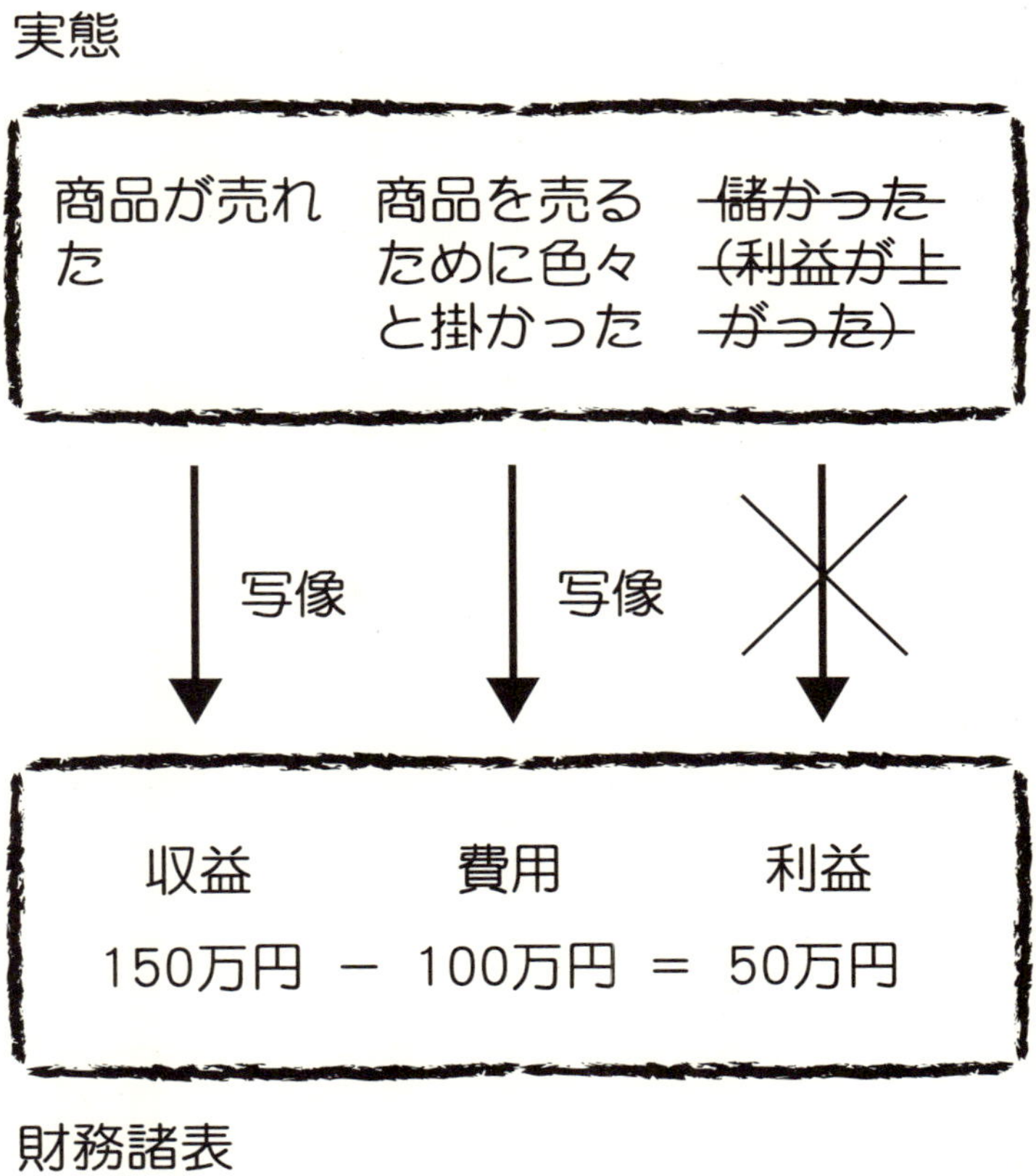
実態
商品が売れた
商品を売るために色々と掛かった
~~儲かった（利益が上がった）~~
写像
写像
収益
費用
利益
150万円 － 100万円 ＝ 50万円
財務諸表

実際の利益、というものがまずあって、それを写し取った、会計上の利益、がある、ということではなく、**利益は会計の中にしかない**、利益には、**会計上の利益、しかない**、ということなのです。

✻経営の実態と利益の多い少ない

前述のように、会計を使う側の人たちは財務諸表などによって企業の経営の実態を知って、それにもとづいて行動を選択します。

たとえば財務諸表（損益計算書）に多額の利益がしめされている場合、たとえば投資家であれば、その企業の、うまくいっている、という経営の実態を知って、それにもとづいて、その企業の株を買う、という選択をします。

また、財務諸表にしめされた利益が少ない場合には、うまくいっていない、という経営の実態を知って、それにもとづいて、その企業の株を買わない、という選択をします。

しかし、利益の多い少ない、は、うまくいっているかどうか、という経営の実態だけで決まるものではありません。

商品がよく売れた（うまくいっている）という場合には、たとえば

収益三〇〇万円　－　費用二〇〇万円　＝　利益一〇〇万円

（売上）

となります。

うまくいっている、という実態に応じて、利益は一〇〇万円もある、ということです。

他方、商品があまり売れなかった（うまくいっていない）という場合には、たとえば

収益三〇万円　－　費用二〇万円　＝　利益一〇万円

（売上）

となります。

また、商品を売るために掛かりすぎた（うまくいっていない）という場合には、たとえば

収益一五〇万円　－　費用一四〇万円　＝　利益一〇万円
（売上）

となります。

このような場合には、うまくいっていない、という実態に応じて、利益は一〇万円しかない、ということになります。

これらの例は、実態が違うから利益も違う、という例です。

しかし、実態は同じでも利益は違う、ということがあるのです。

それは、**実態は同じでも**収益や費用の、**写し取り方、が違えば、利益は違ってくる、**ということです。

実態は同じでも、たとえば費用の写し取り方が違えば、たとえば

収益（売上）一五〇万円　－　費用一一〇万円　＝　利益四〇万円

となったり

収益（売上）一五〇万円　－　費用九〇万円　＝　利益六〇万円

となったりするのです。

そして、事実、会計には色々なやり方、色々な写し取り方があるのです。

✲会計が行動を決める？

このように、実態は同じでも、写し取り方の違いによって、利益が四〇万円になったり六〇万円になったりする、というのであれば、実態を知るために財務諸表を読む人たちは一体どうしたらいいのでしょうか？

もしかしたら、そもそも**財務諸表は実態を知るために読むものではない**、のかもしれません。

先ほどは、会計を使う側の人たちは財務諸表などによって企業の経営の実態を知って、それにもとづいて行動を選択する、と言いましたが、もしかしたら、**実態が問題なのではない、実態にもとづいて行動を選択するのではない**、のかもしれません。

実態を写し取ったものとしての財務諸表の情報に意味があるのではない、のかもしれません。

それによって実態を知ることができる財務諸表の情報に意味があるのではない、のかもしれません。

財務諸表の情報こそに意味がある、財務諸表の情報それ自体に意味がある、のかもしれません。

これはつまり、財務諸表によって知った実態にもとづいて行動を選択する、のではなく、財務諸表それ自体にもとづいて行動を選択する、ということです。

これについては、たとえばつぎのような話があります。

或る費用の計算の仕方（写し取り方）について日本の会計ルールではA法というやり方をしていた。

しかし、たとえばアメリカなどの諸外国の会計ルールではB法というやり方をしていた。

国際化の進展などといった昨今の流れの中、日本でもB法にしよう、ということになった。

ただし、B法でやるほうがA法でやるよりも費用の額は大きくなる。

企業は大慌てです。

経営の実態はなにも変わらなくても、A法→B法、という会計ルールの変更によって費用が増え、（収益－費用＝利益、という関係ですから）利益が減ってしまうからです。

利益が減るのは、経営がうまくいっていないからではない、のに、企業は大慌てです。

この会計ルールの変更は新聞などで報道され、投資家などにも知られているはずなのに、企業は大慌てです。

投資家は、財務諸表によって知った実態にもとづいて行動を選択する、のではなく、財務諸表それ自体にもとづいて行動を選択する、かもしれない、からです。

つまり、投資家は、実態はなにも変わらなくても、財務諸表にしめされる利益が減った、ということにもとづいて、株を買わない、という行動を選択する、かもしれない、からです。

会計で知る実態によって行動するのではなく、会計それ自体によって行動する、かもしれない、ということです。

第４章　利益と会計の話

❇利益を多くしたり少なくしたりする

前述のように、**『社長のベンツ』**は38～39頁の**表**の分類からすると、一見、❸の本、すなわち、財務会計の使い方（財務諸表の読み方）の本、のようですが、中身を読んでみると、なにか違います。

結論から言うと、この本の話は、**利益を多くしたり少なくしたりするやり方**の話、のようです。

そして、この、利益を多くしたり少なくしたりするやり方の話、には二種類のものがあるようです。

ひとつは、利益を多くしたり少なくしたりする**会計のやり方**の話、です。

ただし、会計のやり方の話、と言っても、**表**の❶の話とは違います。

会計のやり方の話ですから、会計の話ではありますが、**表**の分類には当てはまりません。

もうひとつは、利益を多くしたり少なくしたりする**ものの買い方、おカネの使い方**の話、です。

ただし、これも実は会計の話です。

第3章で紹介した**『さおだけ屋』**のおカネの使い方の話（ケチの推奨、節約の仕方の話）は会計の話ではなく、経営の話でしたが、**『社長のベンツ』**のおカネの使い方の話は、こういうものの買い方をすると会計（財務諸表）はこうなる、こういうおカネの使い方をすると会計はこうなる、という話です。

ですから、これは会計の話です。しかし、会計の話ではありますが、これも**表**の分類には当てはまりません。

表の分類には当てはまらないその原因のひとつは、中小企業の経営者が対象、というところにあります。

✲利益を多くするちゃんとしていない会計のやり方

中小企業の経営者はその大半が、オーナー経営者、です。

オーナーとは、簡単に言ってしまえば、その会社の株の大半を持っている人、のことです。

つまり、中小企業の場合、一般には、投資家に株を買ってもらう、投資家におカネを出してもらう、というのではなく、経営者自身がおカネを出しているのです。

大企業の場合にはおカネを出す人と経営する人は別の人ですが、中小企業の場合には、おカネを出す人と経営する人が同じ人、ということです。

前述のように、財務会計とは、資金調達のための会計、おカネ集めのための会計、つまり、投資家におカネを出してもらったり、銀行におカネを貸してもらったりするための会計、です。

しかし、中小企業の場合、一般には、投資家におカネを出してもらう（株を買ってもらう）、ということがありません。

したがって、財務会計の**相手は銀行だけ**、ということになります。

投資家が相手ではない、相手は銀行だけ、ということにはどういう意味があるのでしょうか？

ひとつには、財務会計の社会的な重要性が低い、ということがあります。

投資家は大勢います。

大企業の場合、大勢の人が財務諸表にもとづいて投資行動（その企業の株を買う買わない）の選択をします。

投資家を相手とする場合の財務会計は、大勢の人の行動を左右する、という意味で、社会的な重要性が高い、と言えます。

ですから、こうした大企業の場合の財務会計については、いい加減な会計がおこなわれないようにするために、つまり、投資家が、ちゃんとした財務諸表、を手にすることができるようにするために、法律によって、公認会計士監査というものが義務づけられています。

監査とは、簡単に言ってしまえば、ちゃんとしたものかどうかをチェックすること、また、公認会計士は、会計の専門家、ですから、会計の専門家がちゃんとした財務諸表かどうかをチェックする、ということです。

ただし、この、ちゃんとした財務諸表、とは、経営の実態がちゃんと描き出されている財務諸表、のことではありません。

ちなみに、**『餃子屋と高級フレンチ』**は「真実を表現した決算書はこの世に存在しない」としていますが、この「真実を表現した決算書」は、実態がちゃんと描き出されている財務諸表、と同じ意味でしょう。

つまり、そもそも、実態がちゃんと描き出されている財務諸表、などというものは存在しないのです。

では、ちゃんとした財務諸表、とはなにか、と言えば、それは、ちゃんとルールどおりに作られた財務諸表、のことです。

いずれにしても、大企業の場合には、会計の専門家がちゃんとした財務諸表かどうかをチェックする、というわけですが、中小企業にはそうしたチェックが義務づけられていません。

大勢の人の行動を左右するものではないから、ということでしょうか。

中小企業の経営者は、銀行がおカネを貸してくれるような財務諸表にしたい、と考えます。

もちろん、大企業の場合も、投資家が株を買ってくれるような財務諸表にしたい、銀行がおカネを貸してくれるような財務諸表にしたい、ということはあるでしょうが、したい、とは思っても、監査があるので、まずはルールどおりにやらなくてはなりません。

しかし、中小企業の場合は、したい、がかなりできてしまいます。

そこでするのが、粉飾決算、です。

「なにゆえ、粉飾決算をするか？」について『**社長のベンツ**』は「理由はたったひとつ、銀行から融資を受けるため、ただその一点である」としています。

前述のように、中小企業の場合、財務会計の相手は銀行だけ、だからです。

そして、『**社長のベンツ**』は「赤字だしたら……銀行から即答融資を断られたりする」ということから、粉飾決算（架空決算）のやり方、黒字になる財務諸表（決算書）の作り方、を説明しています。

これを、会計のやり方、と言うのは抵抗があるかもしれませんが、赤字を黒字に見せる会計のやり方、利益があるように見せる会計のやり方、というわけです。

言ってみれば、38～39頁の**表**の❶の話は、ちゃんとした会計のやり方の話、この**『社長のベンツ』**の話は、**ちゃんとしていない会計のやり方**の話、ルールどおりではない会計のやり方の話、ということです。

✲利益を少なくするおカネの使い方

先ほどは、相手は銀行だけ、としましたが、実はほかにも相手があります。税務署です。

中小企業の決算書はなんのためにあるのか、について、「銀行から融資を借りるためってことを除いたら、残るは税務署のためか？」とする**『社長のベンツ』**が言うように、税務署相手の場合、話は「粉飾の反対」になります。

この「粉飾の反対」は、逆粉飾、とも言いますが、要するに、利益を少なくする、ということです。

たとえば、売上を抜く、つまり、あった売上をなかったことにする、といったことをして、（収益（売上）－費用＝利益、という関係ですから）利益を少なくする、ということです。

どうしてそんなことをするのか、と言えば、もちろん、税金を払いたくないから、です。

簡単に言ってしまえば

利益　×　○○パーセント（税率）　＝　税金

ですから、利益が少なくなれば税金も少なくてすみます。

こうした税金対策は、ていのいい言い方をすれば、節税、ということでしょうが、早い話が、脱税、です。

ただし、厳密に言えば、税金対策はつぎのように分けられます。

節税　　適法で正常な方法によって税金を少なくすること
租税回避　適法ではあるが異常な方法によって税金を少なくすること
脱税　　違法な方法によって税金を少なくすること

二番目の租税回避が、グレーゾーン、ということになりますが、いずれにしても、売上を抜く、などというのは、脱税、でしょう。

ちなみに、これは余談ですが、あった売上をなかったことにする、といった脱税については、裏帳簿、の話をよく耳にします。

マルサ（マル査。国税局の査察部）が床下に隠してあった金の延べ棒と裏帳簿を脱税の証拠として押収！　といった話です。

床下などに隠しておく裏帳簿というのは、本当のことが書いてある帳簿、つまり、あった売上がちゃんと書いてある帳簿、です。そして、（裏帳簿の反対、つまり、ウソが書いてある帳簿を、表帳簿、と言うかどうか知りませんが）隠しておかないほうの帳簿、つまり、人に見せるほうの帳簿では、あった売上をなかったことにする、ということです。

それにしても、どうして脱税をする人はわざわざ証拠になる裏帳簿などというものを付けるのでしょうか？

これが疑問でした。そこで、以前、国税庁関係の仕事をしていたときに国税庁の人に質問してみました。

答えは、本当のことも書いておかないと、自分でも分からなくなってしまうから、ということでした。

どれだけ売上を抜いて、どれだけ脱税したか、どれだけトク（？）をしたか、が自分でも分からなくなってしまうから、ということです。

ナルホド。

閑話休題《それはさておき》。

こうした逆粉飾のやり方の話も、会計のやり方の話、利益の少ない決算書の作り方の話、と言えなくもありませんが、このような税金対策の話は、税金が少なくなるような会計のやり方の話、だけではありません。

この本のタイトルになっている、なぜ、社長のベンツは4ドアなのか？　という問題がまさにそうです。

この問題の答えは、この本によれば、「四ドアの高級外車や国産車は社用車として認められるのに、二ドアのスポーツタイプだと社長の趣味として否認されちゃう」から、ということです。ここで、社用車として認めたり否認したり、するのは税務署です。

社用車として認められる、ということは、簡単に言ってしまえば、その車の代金が費用として認められる、ということですから、その分、費用が増えて、（収益－費用＝利益、という関係ですから）利益が少なくなる、つまり、税金が少なくなる、ということです。

ただし、前述の逆粉飾の話は会計のやり方の話、利益の少ない決算書の作り方の話でしたが、このベンツの話は**会計のやり方の話ではありません。**

四ドアを買えば、費用が増えて、利益が減る（だから、税金が減って、払うおカネが少なくなる）ということです。

つまり、こういうものを買えば、決算書はこうなる、ということですから、会計のやり方の話、決算書の作り方の話ではありません。ものの買い方、おカネの使い方の話です。

また、ほかにも問題があります。

この本自体のタイトルは『なぜ、社長のベンツは４ドアなのか?』ですが、「第一章」のタイトルは「なぜ、社長のベンツは、中古の四ドアなのか?」となっています。

つまり、なぜ、社長のベンツは中古なのか？　という問題もあります。

車（それに建物や機械）などの費用を計算する減価償却というものがありますが、

この減価償却に関する税務署のルールは、車は六年もつ、と考えて、六年で費用にする、というルールです。

このルールでは、毎年の費用、がつぎのように計算されます（複雑なことは省略）。

新車を一二〇〇万円で買った場合

一二〇〇万円　÷　六年　＝　二〇〇万円

四年落ちの中古車を八〇〇万円で買った場合

八〇〇万円　÷　（六年　－　四年）　＝　四〇〇万円

新車の場合には一年に二〇〇万円ずつしか費用にできず、全額を費用にできるまで六年掛かるのに対して、中古車の場合は一年に四〇〇万円ずつ費用にできて、全額を費用にできるまで二年しか掛からない、ということです。

中古車のほうが早く費用にできて、その分、早く利益を少なくできて、税金を少なくできる、ということです。

これも**会計のやり方の話ではありません**。

中古を買えば、早く費用にできて、利益が減るということです。つまり、こういうものを買えば、決算書はこうなる、ということですから、会計のやり方の話、決算書の作り方の話ではありません。ものの買い方、おカネの使い方の話です。

✲借金と税金

要するに、相手は銀行と税務署、そして問題は、借金をしやすく、と、税金を少なく、です。

ただし、ここにジレンマが出てきます。

借金をしやすくするためには利益は多いほうがいいが、税金を少なくするためには利益は少ないほうがいい、ということです。

しかし、借金が必要なときに借金できなければ倒産してしまいます。

ですから、借金が必要な場合には利益が必要です。

利益があると税金を払わなくてはなりませんが、それは仕方ありません。

というわけで、**『社長のベンツ』**の「第4章」のタイトルは「なぜ、借金社長は税金を払いたがるのか?」です。

「借金社長は税金を払いたがる」、つまり、借金のために利益を出したがる、ということですが、借金の問題さえなければ、あとは、税金を少なく、これしかない、ということです。

❇経営者のジレンマ？

『社長のベンツ』は中小企業の話ですが、こうした話は中小企業の場合だけとは限りません。

確かに、中小企業の場合は、前述のように、公認会計士監査というチェックを受けなくていいということもあって、利益を多くしたい、や、利益を少なくしたい、という、したい、がかなりできてしまい、粉飾や逆粉飾も少なくありませんし、また、これに対して、大企業の場合は中小企業ほど、したい、ができるわけではありません。

（もちろん、大企業の場合も粉飾決算事件が世間を騒がせて、「会計士はなにをやってたんだ！」などと言われることもありますが。）

ただし、粉飾や逆粉飾（脱税）は違法行為、要するにルール違反ですが、利益を多く、や、利益を少なく、はルールに違反しない範囲でもおこなわれます。

それは、会計のルール（財務諸表の作り方のルール）には、選択の幅、があるからです。

たとえば、前述のように、建物や機械や車などの費用を計算する減価償却というものがありますが、この減価償却にもいくつかの方法、たとえば、定額法、という方法や、定率法、という方法など、複数の方法があります。

（ちなみに、前述の、六年もつ一二〇〇万円の新車について、一二〇〇万円÷六年、とする方法は定額法です。）

会計のルール上、複数の方法からの選択が認められているのです。

どうしてこのような選択が認められているのか、と言えば、それは、情況は企業によってさまざまだから、です。

ひとつの方法だけでは、たとえばA社の情況には適切かもしれないが、B社の情況には不適切かもしれない、ということです。

そこで、複数の方法を用意しておいて、その中から、その企業の情況に適切な方法を選ばせよう、ということです。

この、適切な方法、とはなにか、と言えば、(前に紹介した、会計は写像だ、といったとらえ方にしたがえば) 適切に写像することができる方法、つまり、その企業の経営の実態を適切に写し取って、財務諸表に描き出すことができる方法、のことです。

しかし、実際には、適切な方法、が選ばれてはいません。

それは、やはり、利益を多くしたい、や、利益を少なくしたい、があるからです。

収益－費用＝利益、という関係ですから、費用を少なくすれば利益が多くなりますし、費用を多くすれば利益が少なくなります。

通常は費用が問題になります。

たとえば**『経済ニュースの謎』**はこのことについて「収益を損益計算書に計上するルールは選択の幅が狭いため、収益の数字は経営者の意思決定によって変化することは、あまりありません」として「これに対して費用は経営者の意思決定による選択の幅が広いため、大きく変わる可能性があります」としています。

利益を多くしたい場合には費用が少なくなるような方法を選択し、利益を少なくしたい場合には費用が多くなるような方法を選択する、ということです。

ちなみに、減価償却について言えば、（詳しいことは割愛しますが、その建物や機械や車などを買ってからしばらくは）定額法よりも定率法のほうが費用が多くなります。

しかし、ここにジレンマが出てきます。

『社長のベンツ』は中小企業の経営者について「自分がオーナー社長であれば、気になるのは銀行融資だけで、それさえクリアされるのであれば、税金を払ってまで黒字にしたいなんてこれっぽっちも思ってないだろう」とした上で、大企業の経営者については「社長が大株主でないということは、黒字にしなければ自分のクビが飛ぶ。だから、なにがなんでも黒字決算にしたいわけだ」としています。

経営者が自分の立場を考えたら利益は多いほうがいい、ということです。

ただし、中小企業の場合と同様、税金を少なくするためには利益は少ないほうがいい、ということもあります。

利益を多くするか少なくするか、ジレンマです。

ジレンマがあるはず、なのですが、しかし、実際にはそうでもありません。

確かに、**『社長のベンツ』**も言うように、黒字にはしたいでしょうが、利益を（できるかぎり）多くしたいということでもありません。
そこには、日本の特殊事情があります。

（最近は少し変わってきたかもしれませんが、かつて、そして近年までは特殊事情がありました。）

たとえばアメリカなどの場合には、経営者は毎年々々最大の利益を出して最大の配当を株主に支払わなければ、株主総会で株主にクビにされてしまう、といったことが当然のこととしてありますが、日本の場合には（詳しいことは割愛しますが、株式の持ち合いなどによって）株主総会があまり機能しないため、毎年々々最大の利益を出さなければ、株主総会で社長のクビが飛ぶ、などといったことがない、といったことです。

（ちなみに、だから日本の経営者は目先の短期的な利益を追う必要がなく、長期的な観点から経営することができて、それがかつての日本の高度成長につながった、などとも言われます。）

というわけで、ジレンマはあまりありません。

バブル崩壊後の不況の頃など、業績不振で赤字にもなりかねないときには、費用が少なくなる定額法、が選択されますが、そういうとき以外は、税金が少なくなるように、費用が多くなる定率法、が選択されるといったことになります。

ちなみに、このような、利益を多くしたい、少なくしたい、という場合には、減価償却の方法がよく使われてきましたが、それは、建物や機械などは金額が大きいから、です。

減価償却の方法をどうするか、定額法にするか定率法にするか、によって費用の額が大きく変わり、利益の額が大きく変わる、というわけです。

(ただし、現在は税金のルールでは建物について定率法を使うことが認められなくなっています。)

というわけで、いずれにしても、その企業の情況に適切な方法を選択する、その企業の経営の実態を適切に写し取って、財務諸表に描き出すことができる方法を選択する、というのではなく、多くの場合、税金のことを考えて選択する、ということになってしまっているのです。

✲結局は税金の話？

どうしてこのようになってしまっているのか、と言えば、その原因のひとつは日本における税金の計算の仕方にあります。

日本における税金の計算の仕方は次々頁の**図**のⒶのようになっています。

つまり、会計上の利益をベースにして、それに税金のルール（税法）による調整を加えて税金の対象となる利益（これを、課税所得、と言います。つまり、課税所得×○○パーセント（税率）＝税金、です）を算定します。

ちなみに、諸外国の中には、会計上の利益は会計上の利益で計算して、課税所得は課税所得で（会計上の利益をベースにしないで）一から計算する、という仕方をしている国もあれば、また、日本のように、会計上の利益をベースにして、課税所得を算定する、という仕方をしている国もあります。

教科書的な説明をすれば、企業が資金の多くを投資家から得ているイギリスやアメリカなどの国々では、会計に関して、投資行動（その企業の株を買う買わない）の選択の役に立つ情報の提供ということが重視され、会計と税金の計算は別々におこなわれており、また、企業が資金の多くを銀行などから借りているヨーロッパ大陸の国々の多くでは、日本におけるように、会計と税金の計算が結びついている、ということです。

それはさておき、Ⓐのようにするはず、の日本ですが、実際にはⒷのようになってしまっているのです。

つまり、前項に述べたように、その企業の情況に適切な方法を選択する、というの

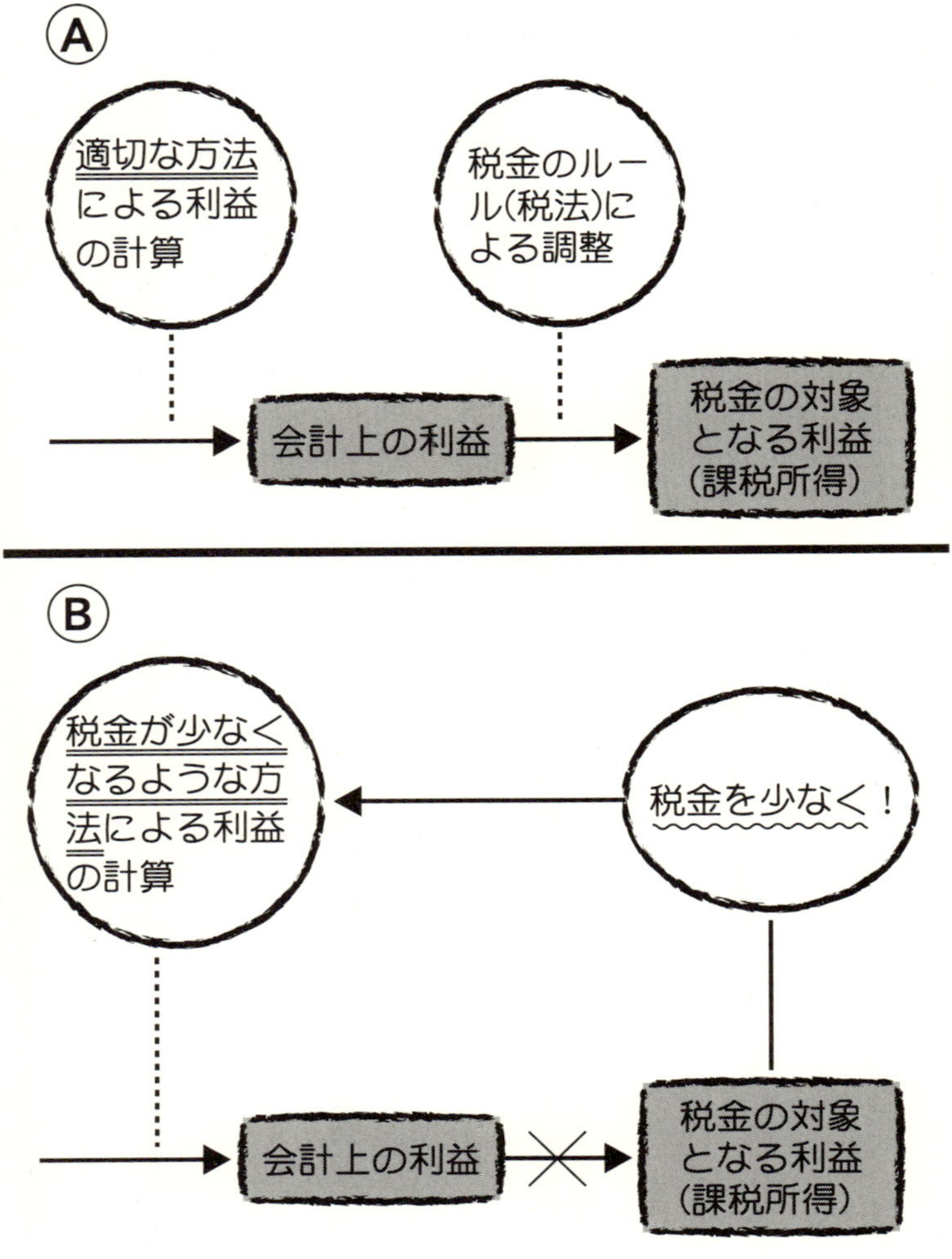

A
適切な方法による利益の計算
税金のルール(税法)による調整
会計上の利益
税金の対象となる利益(課税所得)
B
税金が少なくなるような方法による利益の計算
税金を少なく!
会計上の利益
税金の対象となる利益(課税所得)

ではなく、税金のことを考えて選択する、ということになってしまっているのです。

✲会計の話はなに？

税金のことはさておき、利益、というものについて、これまでの話を少しまとめておきたいと思います。

第3章で紹介したように、

収益　－　費用　＝　利益
（売上）

という関係について、『**さおだけ屋**』は、利益を出すためには、売上を増やす、か、費用を減らす、かしかない、としていますが、この、売上を増やす、や、費用を減らす、は、経営の話であって、会計の話ではない、ということを指摘しました。

会計の話はなにか、と言えば、それは、売上はいくらかを計算したり、費用はいくらかを計算したりすることでした。
また、会計は、企業の経営がどうなっているかを知らせるもの、でしたから、つまり、企業の経営がどうなっているかを、売上はいくら、費用はいくら、といった形で知らせる、ということでした。

いま述べたように、**『さおだけ屋』**の言う、売上を増やす、や、費用を減らす、は会計の話でありませんが、ただし、会計によって、売上はいくら、費用はいくら、を知ることは、売上を増やす、や、費用を減らす、につながります。

第3章では、経営者は財務諸表などによって自分の企業の経営の実態を知って、それにもとづいて今後の経営のやり方を選択する、といった言い方をしましたが、経営者とすれば、会計によって、売上はいくら、費用はいくら、を知ることによって、たとえば、売上が少ないからどうにかしなくては、とか、費用が多すぎるからどうにかしなくては、といったことになります。

ただし、**『さおだけ屋』**も、ケチ、を推奨しているように、普通は、売上を増やすことよりは費用を減らすことのほうが簡単でしょう。

普通は、売上が少ないから売上を増やそう、と思っても、そう簡単にはいきませんが、費用については、費用が多すぎるからムダ遣いをやめよう、とか、もっと節約しよう、とかならどうにかなるでしょう。

そうして、費用を減らせば利益が増えます。

ムダ遣いをやめる、や、もっと節約する、は会計の話ではありませんが、費用が多すぎることを知る、というのは会計の話です。これが次々頁の**図**の①です。

他方、この第４章で見てきたように、売上はいくら、費用はいくら、を計算する方法には選択の幅があります。

どの計算方法を使うか、によって、売上が増えたり、費用が減ったり、そして、その結果、利益が増えたり、します。

これはすべて会計の話です。

ただし、**『経済ニュースの謎』**も言っているように、選択の幅は、収益の計算方法については狭く、費用の計算方法については広い、ということでしたから、普通は、費用の計算方法をどうにかする、ということになります。

利益を出したい、という場合には費用が少なくなる方法を選択する、ということです。

いずれにしても、これはすべて会計の話です。これが**図**の②です。

①

売上　－　費用　＝　利益

財務諸表
（損益計算書）

↓

費用が多すぎる！

会計の話

↓

節約

↓

売上－　費用　＝　利益
　　　　減る　　　増える

---

②

売上　－　費用　＝　利益

費用が少なくなる
計算方法

↓

売上－　費用　＝　利益
　　　　減る　　　増える

会計の話

第5章　やっぱり会計は……

✲会計は数字？

第３章では**『さおだけ屋』**が「《会計の本質的な考え方》とは、目に見えないものを具体的な数字にして見えるようにする……といった考え方のことです」と述べていることを紹介しましたが、どうやら会計には、イコール数字、といったイメージがあるようです。

ですから、これまで紹介してきた会計の本は、会計に苦手意識を持っている人は、イコール数字が嫌いな人、といった前提で書かれているようです。

たとえば**『さおだけ屋』**は「会計に苦手意識を持っている人は、その理由として、よく「そもそも自分は数字に弱くて……」などという」と述べていますし、帯の宣伝文句は「数字嫌いは必読」、そして「数字なんて大嫌い‼あなたのための本です」としています。

また、**『社長のベンツ』**はそで（カバーの折り込み部分）の宣伝文句が「「数字嫌い」のための使える会計の本！」としていますし、前に紹介したように、裏カバーの「こんな人に読んでもらいたい！」の中に「数字は苦手だけど会計を知りたい人」を挙げています。

ちなみに、これは余談ですが、数字、と言えば、**『会計の時代だ』**のことを取り上げてくださった或る方（税理士さん）のブログいわく、「この本のすごいところは、会計の本なのに数字はほとんど出てきません」。

それはさておき、ただし、**『さおだけ屋』**は「会計を学ぶうえで、数字に強い必要はまったくない……むしろ必要なのは、「数字のセンス」である」として、帯の宣伝文句は「「数字のセンス」を身につける」ともしています。

そして、この「「数字のセンス」を身につけるためには」どうしたらいいのか、については「あらゆる数字の背後にある「意味」を読み取るようにする」としています。

こうした「数字の背後」ということについては、ほかの本も似たようなことを述べています。

たとえば『**経営の大局**』は、会計リテラシー、というものの重要性を主張していますが、この「会計リテラシーとは財務諸表を見て、その裏にあるリアルな経営をイメージできる能力のことをいいます」。

また、『**経済ニュースの謎**』は「世の中で起こっているいろいろな出来事を、会計というフィルターを通すとすっきりと見えてきます」とした上で「言いかえると「数字」が何を語っているか、数字の裏側の真実（リアル）が見えてくるのです」としています。

背後ないし裏側が重要、というのはそのとおりでしょう。

「会計をマスターすると、今まで見えなかった世界が見えてくる」とする『**経済ニュースの謎**』は「多くの方が会計を知りたいと思う理由は、会計そのものを知りたいのではなく、世の中で起こっている出来事の意味を知りたいからだと思います」として、さまざまな事例（エピソード）を紹介しています。

表紙の宣伝文句は「決算書の読み方が変わる7つのエピソード」です。

❊数字の裏側？

『**経済ニュースの謎**』の言う「会計そのもの」ではない、「数字の裏側」とはどのようなものでしょうか？

しかし、「エピソード1」から読みはじめて、あれっ？　と思いました。

これは「会計そのもの」の話ではないだろうか？　という、あれっ？　でした。

「エピソード1　甲子園球場の土地は時価155億円なのに、なぜ決算書には800万円でのっているのか」は、このタイトルのとおり、甲子園球場の土地の例を使って、「貸借対照表は企業の財政状態を表すというのに、なぜ資産を全部時価で評価しないのだろうか？」という問題を説明しています。

「資産は大きく分けると、金融資産と事業用資産の2種類に分けることができ」、上場されている株式や売掛金など、「お金で回収できることが決まっている金融資産」は時価で評価されるが、商品や建物や土地などの事業用資産はそうではない、という説明です。

「商品は……販売するまでは販売価格や確実にその金額が回収できるかは分かりません。そこで……取得した金額（原価）で貸借対照表にのせられます」。

「建物は……ビジネスで使用することによって間接的にお金を回収します。そこで……貸借対照表に原価をベースにした金額でのせることになります」。

「阪神電鉄は甲子園を売却するのではなく、甲子園を経営することによって収益を上げています」。「甲子園の土地を売却しないのであれば、たとえ時価が155億円であっても、そのお金が入ってくることはありません。そのため……取得した金額で貸借対照表にのせた方が合理的と考えられます」。

なぜ「そこで」や「そのため」なのか、がいまひとつよく分かりませんが、それはさておき、これは、会計ではこうやる、会計では金融資産だけを時価で評価する、ということですから、会計のやり方の話でしょう。

「数字の裏側の真実（リアル）」とか、「世の中で起こっている出来事の意味」とかではなく、「会計そのもの」の話ではないでしょうか？

また、「エピソード3　楽天はなぜ赤字でも株価が高いのか」は「楽天は、2001年度から2005年度までの過去5年間の中で2005年度以外はすべて赤字で、5期間の損失の合計は549億円」にもかかわらず、投資家からの評価は高く、株価が高いのはなぜか、について説明しています。

ひとことで言ってしまえば、赤字、というのは、最終的な利益、つまり当期純利益がマイナス、ということだが、「経常利益は5年間で大きく伸びている」から、ということです。

そして、損益計算書には、売上総利益から当期純利益まで、色々な利益がしめされているが、「経常利益が一番注目されることが多い」から、ということです。

「楽天は積極的なM&A［合併と買収］を行うことにより、爆発的な成長を遂げました」。

「M&Aを行うことによってビジネスの規模を拡大することができますが、それに見合ったコストも負担しなければなりません。そのコストとは、「のれん」の償却費用です」。

M&Aの際に生ずるこの「のれん」というもののややこしい説明は割愛しますが、この「のれん」は、経常利益を適正にしめす、ということのために、二〇年以内に償却して（費用にして）、その費用は、販売費および一般管理費、として処理すること

損益計算書

売上	×××
売上原価	×××
売上総利益	×××
販売費および一般管理費	×××
営業利益	×××
営業外収益	×××
営業外費用	×××
経常利益	×××
特別利益	×××
特別損失	×××
……	……
当期純利益	×××

になっています。

しかし、「楽天は２００１年度から２００４年度までは、「のれん」を発生した年度に一括で償却し、特別損失にのせていました」。

だから、赤字、つまり当期純利益はマイナス、しかし、「一番注目される」経常利益は良好、ということです。

つまり、楽天は「投資家が最も好む数値となるような会計処理を行ったということ」ですから、これも、会計のやり方の話、「会計そのもの」の話ではないでしょうか？

ちなみに、こうした、会計のやり方の話、は実は、日本ならではの話、日本の会計(損益計算書)ならではの話、です。

たとえば**『あの会社』**はつぎのように説明しています。

「おもしろいことに、日本のＰ／Ｌ［損益計算書］には、日本人の几帳面さが表れている。きめ細かいのである。その分、いろいろな「○○利益」が出てくる。これに対して米国基準のP／Lは、シンプルである。米国では「要するにいくら儲けた」ということを単刀直入に示せばそれでいい、と考えられているフシがある」。

「米国には「ケイツネ」［経常利益］はないし、特別損益もほとんどない」。

それはさておき、『経済ニュースの謎』の事例（エピソード）は、このほかのものも（どれもとても分かりやすく説明されていますが）「会計そのもの」の話、が少なくないような気がします。

✻ナルホドは数字の裏側

とは言っても、「数字の裏側」の話もあります。

たとえば「エピソード2　V字回復の謎を解く」は日産自動車の

一九九八年度　二七七億円の赤字

←　一九九九年度　六八四四億円の赤字
←　二〇〇〇年度　三三一一億円の黒字

というV字回復について説明しています。

一九九九年度↓二〇〇〇年度、に（売上は一一二五億円しか増えていないのに）利益が一兆一五五億円も増えたのはなぜか、ということです。

このことは逆に言えば、一九九九年度が六八四四億円という極端に大きな赤字だったのはなぜか、ということで、それは、カルロス・ゴーンさんが大規模なリストラをしたから（このリストラによる損失のためにこんな大きな赤字になった）、ということです。

これは確かに、「数字の裏側」にはゴーンさんによる経営の大改革があった、という話です。

ちなみに、**『経済ニュースの謎』**はゴーンさんを絶賛し、たとえば「エピソード6」でも「ビジネスを行った結果を投資家に誠実に説明するという経営者としての健全な立ち位置」などとしていますが、他方、たとえば**『餃子屋と高級フレンチ』**はこの「数字」（大きな赤字）を、逆粉飾、とみなして、かなり厳しく批判しています。

「その差1兆円。マスコミはこぞってゴーン社長をほめたたえ……ました。しかし、決算書をよく見ると、そんなにきれい事ではなかったことがわかります」。

「1999年度は徹底した損失の洗い出しと、逆粉飾ともいえる費用の前倒しによって史上最低の決算を組み、2000年度には掟破りとも言うべき手法を多用して、今度は粉飾ぎりぎりの決算を組んで……」。

「V字回復をほめちぎったマスコミは……ころりと騙されてしまったのかもしれません」。

要するに、「「会計戦略」とも言える高度な手法」によって「同社の急回復を内外に印象づけたのでした」とする**『餃子屋と高級フレンチ』**はすなわち、会計のやり方の話、としてゴーンさんのリストラを説明していますが、他方、たとえば**『経営の大局』**は「日産のＢＳ〔貸借対照表〕とＰＬをベースにした検討は、資産・負債・資本や収益・費用の端から端まで、すべての項目にわたったはずです」として、リストラのための財務諸表（「ＢＳとＰＬ」）の読み方を解説し、すなわち、会計の使い方の話、としてこのリストラを説明しています。

それはさておき、**『経済ニュースの謎』**はまた、「エピソード7　上場企業の業績はバブルより良いのに、なぜ肌で感じる景気は寒いのか」では「赤字企業は本当はえらい？」という問題について説明しています。

赤字、というのは、利益がマイナス、ということで、何度も述べているように、収益－費用＝利益、という関係ですから、費用が多すぎると赤字のおそれが出てきますし、費用を減らせば赤字を回避することができます。

しかし、見方を変えれば、費用は「企業が外部（従業員、サプライヤー等）に支払うお金」ですから、「企業にとっては支出ですが、逆から考えると従業員、仕入先……などにとっては収入となり……したがって費用が多ければ多いほど、従業員や外部の取引先は多くのお金を受け取ることができ」る、ということです。

これも、費用の減少、や、それによる黒字（プラスの利益）という「数字」はしかし、その「裏側」には「その企業からお金を受け取っている従業員や取引先に」対する「マイナスの影響」がある、という話です。

こうした「数字の裏側」の話については、ナルホド、と思った読者も少なくないでしょう。

✲やっぱり会計は……

ナルホド、は、数字の裏側ないし背後の話、でした。

裏側ないし背後の話ではない、数字そのものの話、はつまり、会計そのものの話、です。

会計そのものの話、は、少なくとも一般の人には、そんなに面白いものではありません。

第3章で言ったように、会計は、単なるカネ勘定であってカネ儲け（経営）ではありません。

そしてまた、面白いのはカネ儲けであって、カネ勘定そのものが面白いのではありません。

ところが、これまでの会計の本、売れなかった会計の本、はその大半が、数字そのもの、カネ勘定（会計）そのもの（だけ）の本、でした。

それに対して、いま売れている会計の本は、会計の本、とは言っても、会計そのもののだけの本ではありません。

それどころか、読んでいて、**これは会計（カネ勘定）の本じゃなくて経営（カネ儲け）の本だ**、と思ったことも少なくありませんでした。

会計の本、としては、看板に偽りあり！　会計の本、というのは**ウソだ！**　ということですが、しかし、第1章でも言ったように、けっして、売れている本の悪口、ではありません。

（学者としては、会計とはなんぞや？　とか、これは会計か？　とかいったことは重要ですが、それは別のことです。）

また、第2章で言ったように、会計の知識には、会計のやり方の知識、と、会計の使い方の知識、があって、会計のやり方の知識を身につけたい人たち、は世間のほんの一部です。

ところが、これも第2章で言ったように、これまでの会計の本、売れなかった会計の本、はその大半が、会計そのものの本であっただけでなく、しかも、会計のやり方の本、でした。カネ儲けに結びつかないカネ勘定のやり方の本、でした。

それに対して、いま売れている会計の本はその大半が、会計の使い方の本、ですし、会計を使うのは、要するに、カネ儲けのため、です。

また、一見、会計のやり方を扱っているものもありますが、読んでみると、カネ儲けに結びつく話、経営（カネ儲け）のための会計のやり方の話、です。

要するに、やっぱり、**面白いのはカネ儲けであって、会計ではない**、ということでしょうか。

引用について

原文の例　B／Sの右側には借入金《かりいれきん》などの**負債**、それに**資本**がのっています。

←

引用の例　「B／S[①]［貸借対照表］の[②]右側には借入金《かりいれきん》などの[③]負債[④]……がのっています」。

①説明のための［　］書きを入れました。
②強調のための傍点をつけました。
③原文がゴシック体などの場合も普通の字体にしました。
④中略は……としました。

なお、何頁からの引用か、は省略しました。

あとがき

この本を書きはじめてからも、売れそうな会計の本、がつぎつぎと出てきましたが、キリがないので、三月二〇日刊行の**『経済ニュースの謎』**まで、としました。

特に、一週間前には、あの**『さおだけ屋』**に続く、山田真哉**『食い逃げされてもバイトは雇うな――禁じられた数字〈上〉――』**（光文社新書）、が出ました。たちまち大増刷、とのことです。

すぐに入手しましたが、これを読んでしまったら、この本を、終わり、にできない、ということで、まだ（ちょっとしか）読んでいません。

なお、山田真哉さんはメルマガと某誌の書評欄で**『会計の時代だ』**を紹介してくださいました。感謝です。

ところで、この本の執筆中に、この本より前に出る、友岡賛**『12歳からはじめる賢**

い大人になるためのビジネス・レッスン「会計」ってなに？』（税務経理協会）、のゲラ（校正刷り）が届きました。出るのは？月です。少しは売れるといいのですが……。

友岡賛

二〇〇七年四月二四日、三田山上にて

参考文献

石川純治『変わる社会、変わる会計』（日本評論社、二〇〇六年）
稲盛和夫『稲盛和夫の実学――経営と会計――』（日本経済新聞社、一九九八年）
金児昭『いつか社長になってほしい人のための「経営と企業会計」』（税務経理協会、二〇〇六年）
小堺桂悦郎『なぜ、社長のベンツは４ドアなのか？』（フォレスト出版、二〇〇六年）
小堺桂悦郎『なぜ、社長のベンツは４ドアなのか？～決算書編～』（フォレスト出版、二〇〇七年）
近藤仁『経理部長が新人のために書いた経理の仕事がわかる本』（日本実業出版社、二〇〇五年）
友岡賛『会計の時代だ――会計と会計士との歴史――』（ちくま新書、二〇〇六年）
友岡賛『12歳からはじめる賢い大人になるためのビジネス・レッスン「会計」ってなに？』（税務経理協会、二〇〇七年）

友岡賛、福島千幸『アカウンティング・エッセンシャルズ』（有斐閣、一九九六年）
林總『餃子屋と高級フレンチでは、どちらが儲かるか？』（ダイヤモンド社、二〇〇六年）
林總ほか「特集　会計入門　任天堂はなぜソニーの10倍儲かるか？」（『週刊ダイヤモンド』九五巻九号、二〇〇七年）
本田直之『レバレッジ・リーディング』（東洋経済新報社、二〇〇六年）
望月実『数字がダメな人用　会計のトリセツ［取扱説明書］』（日本実業出版社、二〇〇六年）
望月実『会計を使って経済ニュースの謎を解く』（日本実業出版社、二〇〇七年）
山田真哉『さおだけ屋はなぜ潰れないのか？——身近な疑問からはじめる会計学——』（光文社新書、二〇〇五年）
山田英夫、山根節『なぜ、あの会社は儲かるのか？』（日本経済新聞出版社、二〇〇六年）
山根節『経営の大局をつかむ会計——健全な〝ドンブリ勘定〟のすすめ——』（光文社新書、二〇〇五年）

著者紹介

友岡賛（ともおかすすむ）
慶應義塾大学教授
博士（慶應義塾大学）

著書等
『近代会計制度の成立』（有斐閣）
『アカウンティング・エッセンシャルズ』（福島千幸との共著、有斐閣）
『歴史にふれる会計学』（有斐閣）
『株式会社とは何か』（講談社〈現代新書〉）
『会計学の基礎』（編、有斐閣）
『会計破綻――会計プロフェッションの背信――』（監訳、税務経理協会）
『会計プロフェッションの発展』（有斐閣）
『会計士の歴史』（小林麻衣子との共訳、慶應義塾大学出版会）
『会計の時代だ――会計と会計士との歴史――』（筑摩書房〈ちくま新書〉）
『12歳からはじめる賢い大人になるためのビジネス・レッスン「会計」ってなに？』
（税務経理協会）
『会計学』（編、慶應義塾大学出版会）

著者との契約により検印省略

平成19年10月9日　初版第1刷発行

なぜ「会計」本が売れているのか？　「会計」本の正しい読み方

著　　者	友　岡　賛
発 行 者	大　坪　嘉　春
印 刷 所	税経印刷株式会社
製 本 所	株式会社三森製本所

発 行 所　東京都新宿区 下落合2丁目5番13号　株式会社　税務経理協会

郵便番号 161−0033　振替 00190−2−187408　電話(03)3953−3301(編集部)
FAX(03)3565−3391　(03)3953−3325(営業部)

URL　http://www.zeikei.co.jp/

乱丁・落丁の場合はお取替えいたします。

ISBN978−4−419−05007−8　C1063